김영숙 시집

초록바람

문학사계

머리말

나이를 먹어도 언제나 철부지였습니다. 삶에 파묻혀 살아온 50여 년 마음속엔 늘 어머니 품속 같은 고향이 떠올랐습니다. 고난의 역경을 버티는 과정에서 메모를 해둔 글들이 이렇게 시집으로 재탄생할 줄은 꿈에도 몰랐습니다.

평생을 배워도 모자란 게 인생길이라고 했던가요. 그 갈증을 채우기 위해 평생학습원을 찾아 10여 년을 또 달려왔습니다. 시란 공자님 말씀대로 사사로운 마음이 전혀 없는 사무사思無邪의 정신에서 나오는 것, 내 안의 순수를 찾아 살아온 삶을 담담히 노래하자고 생각하며 쓴 게 이 시집의 시편들입니다.

해설을 써준 오봉옥 교수님께 감사드리고, 내 사랑하는 자식들에게 이 『초록바람』을 전합니다.

김영숙 시집 | 차례

1. 바람이 전하는 말

봄바람에 웃음 터트리며
작은 봉오리마다 피어나는 열정은
가슴에 밀려오는 잔잔한 파동

어미 새

짝 잃은 어미 새
안개 자욱한 낯선 길
홀로 가기엔 버거운 여정

받아든 홍보지 한 장
실낱 같은 희망 붙잡고
평생학습의 문을 두드린다.

꽃꽃이로 꽃의 기품 세우고
서체로 마음의 길을 닦으며
시법을 배우며 한 행 한 연
나도 모르게 풀어놓는 실타래

꽃만 꽃이 아니구나
메마른 땅에 단비가 따로 없구나

봄날 실바람에
부푼 가슴으로
높다랗게 날아가는
어미 새

꽃샘잎샘

겨울이 떠나 간 자리
잎샘바람 문지방에 걸터앉아
변덕을 부리는 바람에
노란 실눈 끔벅
끔벅, 솜털을 벗는 진통
견디기 어려운 온갖 시달림에도
숨 몰아쉬며 눈을 떠 날개 달았으니
잎샘아, 꽃샘아 불어라 불어
그 시샘 한두 해 아니거늘

들녘마다 햇볕 쏟아지는
한적한 곳 어디든 알쏭달쏭
마음 풀어 꽃자리 펼치는구나
봄아, 너를 두고 사람들은
젖빛 살결 뽀얗다느니
노랑 물빛으로 새 세상 연다느니
두런두런 많은 말들을 쏟아내지만
정작 너는 불타는 듯 붉디붉은 이야기들
초록 잎 사이사이 진홍빛 사연을 담아
여기저기 함성으로 터트리는구나.

개망초꽃

옹기종기 피었네
들판 길섶 묵정밭
버려진 허드레 땅에
수런수런 두런두런

흔하디 흔해
개 자字로 시작되는
슬픈 야생의 꽃

나도 꽃이야
나도 꽃이야
하얀 얼굴 노란 눈망울
푸릇푸릇 간들간들
웃음 머금은 망초 꽃

개망초가 무성하면
나라가 망한다는데
그 슬픔을 아는지 모르는지
피고 지고 또 피고

들꽃

들풀이 속삭인다
나무들이 춤을 춘다
돌 틈 사이에서도 삐죽삐죽
오불오불 앞 다투어
꽃망울 터트린다

어느 누구의
자태를 닮으려 하지도
거드름도 시시비비도
요란스럽지도 않으면서
우리에게 채워주는
너희들만의 향기

간질이는 봄바람에 터트리는
작은 봉오리마다 피어나는 열정은
내 가슴을 치고 오는
잔잔한 파동

푸른 들은
들꽃들만이 누릴 수 있는
대공연장

시간 여행

눈 깜짝 할 사이
구월이 지났네

가는 걸음을 멈추고
저 늦가을 속에 한번
잠겼으면 좋겠네

철길 옆 즐비한 판잣집에
하얀 빨래가 널려있는
추억 속 그런 풍경
어디 또 없을까

누구를 기다리지 않으면서도
코스모스 하늘거리는
간이역에 서성서성
그런 시절이 다시
또 돌아올까

허름한 마음을 뒤척이는
목마른 시간 여행

그 곳

산내들로 에워싸이고
대나무 숲이 안채 사랑채
곳간 허청을 안고 있는
내 고향 초가집

지금은 다
어디에 숨었는가

코 흘리게 곰방대
샘터 아낙들 조잘대던
주저리주저리
푸른 계절을 매달은
뒷마당 감나무

방망이질치는 가슴
잠을 설치는 곳

지금은 허물어진 옛터로
잡초만 무성한 폐허의 땅
빈 가슴으로 울컥 쏟아 내는
동백꽃잎보다 더
붉은 그리움

창가에 홀로

오늘같이
찬비가 내리는 날이면
허전한 그리움 하나
창가를 서성서성
가슴 한 켠을 적신다.

가랑가랑 눈물 떨어지듯이
스치고 지나가는 소리
귓전에 사부작사부작
바람의 말을 전한다.

고독을
떨쳐버리자는 다짐도
이미 사라진 것들도
소롯이 일어나
모닥불을 지핀다.

유년의 그리움

훌쩍 훌쩍
누런 코 옷소매에 쓰윽
번들거린 무명 옷 고무신에
고무줄넘기 땅따먹기하다
삐끗한 발목 붙잡고 울던

두어 달에 한번 오는
튀밥쟁이 아저씨
펑 이요, 소리에 기절초풍
뿌연 연기 속에 날린 튀밥
주워먹다 불에 덴 동무들

트럭 꽁무니 매달려 십리길 갔다
해거름에 돌아오는 꼬맹이들
시커먼 그을림을 차마 볼 수 없는
얼굴 보며 성이 난 울 엄니

걸음아 나 살려라
회초리 무서워
줄행랑치던 신작로 길
아련히 떠오르는 그때
유년의 그리움에 젖는다.

한가위

겹겹이 수놓아
첩첩 묻어둔
날 듯 날 듯 가물거린
옛 일 더듬어가면서
오메, 니가 이렇게 컸냐며
반가움으로 웅성웅성

옹기종기 모여앉아
울퉁불퉁 튀어 나온
정겹고 눈물겨웠던
갖가지 사연들

가난했던 그 때가 있었응께,
오늘 이렇게 좋은 날이 있제
지금 생각하면
어찌 살았던가 싶은
도란도란 둘러 앉아
웃음바다가 되는구나

더 좋은 날을 살자며
그저, 둥글둥글 살자며

밤톨처럼 탱글탱글한
송편을 빚는다.
내일을 빚는다.

허수아비

내 어릴 적 허수아비는
보기만 해도 놀랍고
참새는 작은 눈 크게 뜨고
멀리도 날아갔다
나도 너무 무서웠다

그 넓은 들판 외로이
다 떨어진 바지저고리 걸치고
뻔뻔이 서 있어서 그랬나

세월이 흐른 지금의 허수아비는
선글라스에 신사복을 입고 있어도
무섭지가 않다
새들도 양어깨에 앉아 비아냥
먹을 것 다 먹고 배부르면 날아간다

서있는 보람도 없이
서있는 보람도 없이
지금 우리들의 모습인 듯
비바람에 시달리고 찢기어도
그저 서 있어야만 하는

– 2006. 9. 여성솜씨자랑 최우수상 –

가을 하늘 아래에서

시끌시끌하던
매미의 울음도 멀어졌다

가을 앞에 서면
언제나 느껴지는 것

풍요와 나눔 그런 말
얼마나 꽃 피웠는지

진실 하라
감사 하라

그리움이 묻어난 하늘가
불같은 노을로

활활 타올랐으면
내, 가을의 참사랑

간이역

빗방울 오락가락
젖은 나뭇잎 하나 날아와
낡은 유리창에 찰싹
달라붙는다

비에 젖은 유행가 곡조
밀어제치고 뒤뚱뒤뚱
화물차가 화통을
삶고 지나간다

등이 굽은 늙은 역무원
붉고 푸른 깃발을 흔든다

배추밭 노부부도
허리 한 번 쭉 펴고
손을 흔든다.

어머니

나이를 먹어도 철부지
나는 언제나 작은 들꽃이었습니다

나의 가슴에 꽃씨를 뿌려주시고
나의 가슴에 별빛을 비춰주시고
잔잔한 바다가 되어 주신 아버지께서는
어둠 속 저 멀리서 별을 바라보고 계시겠지요.

지난 번 분당 동생 손자 돌때
바빠서, 차편이 안 되어서 못 오신다는 그 말,
저는 6남매 동생들에게
난리를 쳐서 어머니를 모셨습니다

그때 더듬더듬 걸어 들어오시는
당신을 뵙고
가슴 깊은 곳에서는
소낙비 흘러 내렸습니다.

세상에서 가장 귀하고 아름다운 단어
엄니
울 엄니

어머니의 감

감꽃이 필 때
나는 웃었다

감꽃이 떨어질 때
푸른 잎 사이
파란 하늘을 보았다

감이 익어갈 때
나도 같이 익어갔다

저 높은 우듬지에
생명의 끈을 놓지 못하고
매달린 까치밥

가쁜 숨 깔딱깔딱

검붉은 아버지
얼굴이 보인다

툭
애간장 곪아 터지던
내 어머니의 감

나의 길

머나 먼 길
돌아보면 아득하네.

비바람 된서리 맞으며
먼 길 돌고 돌아
지금
나
여기 서 있네

괴롭고 버거운 일
뒤안길에 묻고

언제까지나 같이
거닐던 당신 있음에
구불구불 구부러진
길 헤쳐
나
여기서
다시
꿈꾸고 있네

꽃동네

뜰아래
아침햇살 반짝이고
별빛 쏟아지는 창가에
우리 마음들이 모여
정원을 가꾸는 동네
목련이 피어나고
벚꽃들의 함성
여기저기에서 톡 톡,
꽃눈 되어
봄의 거리를 재운다

내 입술 닮은 진홍빛 철쭉이
피어나는 꽃그늘 아래
제비꽃 냉이도 한몫을 하고
납작 드러누워 있는 질경이는
누가 보던 말던
밟히거나 찢기거나
종족을 번식하는 데만
정신을 쏟고

하늘하늘

옹기종기
오불오불
저마다의 자리에서
정겨운 이야기꽃 피워내는
훈훈한 꽃동네 내 동네

내 아가

새 둥지 찾아
떠난 아가야
그곳이
낯설지는 않느냐
꿈엔들 잊겠느냐

네 그림자 여기저기에서도
아른아른
출렁출렁
말할 수 없이 일렁인다

땅거미 기어 다닐 무렵
뒷산 고양이의 울음소리도
네 울음소리로 들리고
이 골목 저 골목 애타게
할머니를 찾는
뒷집 아이의 목소리도
너인 것 같아
가슴 찌잉, 눈시울 훔친다.

서산 노을 너무도 붉다.
아가야

내 알았네

고요가 깃든 후에야
신중하지 못했음을 알았네

침묵이 깊게 흘러서야
다소곳하지 못한 언행임을 알았네

지난날을 돌아본 후에야
무의미한 시간이었음을 알았네

욕심을 버린 후에야
나눔과 베풂의 아름다움을 알았네

마음의 문을 활짝 연 후에야
소중한 인연 스쳐지나갔음을 알았네

하, 모든 것 다 떠난 후에야
알고 또 알았네
덧없는 인생이라고!

노부부의 사랑이야기

나뭇잎이 날아와
유리창을 치며 떠나는 가을바람에
옷깃을 여미는 어느 날

열무, 얼갈이배추, 깻잎, 호박
주섬주섬 무더기 지어
구겨진 비닐봉지 몇 장에
좌판을 펼치는 할아버지

어정어정 힐끗힐끗 주위살피며
적삼 벗어 도닥도닥 정분 나누는
수줍은 듯 애틋한 할머니

무딘 세월 앞에서도
내일을 꿈꾸며 지칠 줄 모르고
참 사랑의 향을 피우는

노을에 걸어 놓은
부부의 정 붉게 물든다.

도돌이표

수수밭고랑 사이 조각조각
끊어진 듯 떠가는 구름
빨갛게 익어가는 고춧대를
빙글빙글 도는 고추잠자리 따라
나도 따라 돌던 밭두렁

어릴 적 생각에 잠시 걸터앉은 툇마루
둘둘 말아놓은 사진 뭉치 더듬더듬 풀어
툭 툭 후, 후 불며 빛바랜 사진
한 장 한 장 손깍지 끼워 내려놓는다

검정 무명베 교복차림으로
질문시간에 대답 한마디 못하고
얼굴 붉어져 고개 숙인
단발머리 그 소녀는

무슨 생각에 빠져 흩어져가는 꿈을
움켜쥐고 있을까
초록의 깃발은 황혼을 흔들고
역경의 파노라마는
눈물로 한숨으로 펼쳐지고

눈먼 자들의 도시

별을 따는 마음으로
기세등등했던 우면산의
그 위력은 어디가고
장맛비 한 번에 우르르르,
허우대 멀쩡한 빌딩들
뿌리째 뽑힌다.

높고 낮음도 없고
너도 없고 나도 없는
오갈 곳 없이
흙투성이로 뒤덮인 채
늪의 수렁에 허우적 허우적
빠져 들어간다.

오늘도
장대비는 억수로 퍼 붓는다
눈먼 자의 붉은 핏발이
소리 없는 아우성으로 번져간다.

아름다운 그 터전
맑디맑은 옹달샘에

새까만 눈동자가 퐁,
태초의 그곳으로 빠질
그 날 다시 올까.

마중

곡절 많은 한 해
곡절 따라 일렁이는 희비
세월의 뒤안길에 남겨진 흔적들
홀연히 떠나는 것들의 아쉬움

고요한 눈길 따뜻한 마음
오늘이 마지막인 듯
최선의 삶을 다짐으로
그믐날의 온밤을 지새우고
동트는 첫새벽 찬란함
가슴에 품은 그 빛무리

새날 새아침의 기쁨처럼
곱디고운 우리의 다짐
새해에도 환하게 밝혀 주리라
기대와 설레임으로
새날을 마중한다.

바람이 전하는 말

향기로 가득한
바람이 전하는 말
나는 알아듣지 못하네.

머뭇머뭇 찾아온
그리움의 언어
나는 알아듣지 못하네.

살포시 찾아온 연민의 정
창가를 서성이며
무언의 언어를
바람이 전하고 있네.

새 날

오며 가며
돌이킬 수 없는 일월日月
채워진 듯 빈 가슴만이
정수리에 내린다

헤일 수 없이 갈라진 가슴
켜켜이 쌓인 노을빛 추억
붉은 낙조 금빛 수를 놓아

억새 서걱이는 길 위에
하얀 손 흔들던
아쉬움과 고독의 문을 접고
희망과 기쁨으로 꿈을 모아
하늘가에 띄워보는
또 다른 기대와 설레임

가슴 속 파고드는
제야의 종소리
쿵, 쿵, 쿵,
온천지의 울림
동 트는 새 아침
새 날이 주렁주렁 열린다.

쉰

갈대숲을 지나간다
드문드문 잔국화 피어
한들거리고 풀벌레도 같이
따라 애달피 운다

비바람에 시달리고
서로를 비비대며 서걱서걱
웅 웅 쉬지 않고 흔들리는 것이
제 울음인줄도 모른다

여자를 흔들리는 갈대라지만
이 세상 모든 사람들
갈대 아닌 사람
어디 있으랴

산다는 것은
이렇게 시달리며
속으로 울음 우는
갈대 같은 것

아들아

행여 세상 두려워 마라
할퀴고 찢긴 마음의 상처
쉬 아물랴마는

땀 흘리며 가꿔 온
우리가 만든 길
가슴 활짝 열고
희망의 대로를 걷자꾸나.

산다는 것은
외로움과 더불어
꿈으로 살아가는 것

생각과 말과 행동이
하나로 뭉쳐
정으로 꽃 피워가는
삶의 연장이란다.

행여 미워하지 마라
네 마음 속 어두운 그림자가
쉬 지워지랴 마는

어느 날

바람결에 날아든 홀씨 하나

다순 눈빛
발그레한 웃음으로
들꽃 되어 일어나더니
보랏빛 향으로
불러들인 광야의 목소리

허허로운 들녘에서
어렴풋이 들려오는
풀벌레의 애절한 사연은
어느새 내 가슴에 다가와
달콤한 속삭임으로 눈멀게 하고

어느 날
남풍이 불어오면 종달새는
보리밭 사이사이에 둥지를 틀고
높다랗게 날면서 날 부르겠지
자유의 노래 들려주겠지

애정이 꽃피는 날

사랑의 씨앗 하나
이랑을 만들어
마음밭에 심었네

파릇파릇 어린 싹
촉 눈을 트더니
이슬 머금은 꽃망울로
미소 짓고서
젖은 마음에
불을 지피네

감미로운 바람은
타오르는 볼을 스치고 지나
가슴 울렁이게 하는
영혼의
사랑꽃으로 피었네.

2. 봄이 오는 길목에 서서

푸른 들은
우리에게 채워주는
향기로운 들꽃들의 대공연장

가을 들판

야생화 피고 지는 언덕에
나,
우두커니 서 있다

바람이 달려와
꽃가슴을 때린다

간들간들 꽃잎 뚝,
뚝 떨어진다

잎 진자리 바람이 인다
꽃잎 날리는 소리

나뭇잎은 돗자리 깔아
세상을 보듬는다

억새 사걱이는 소리에
허수아비 멀뚱멀뚱

들풀도 누워
잠자리에 든다

안녕!

장미

넌
아름다움의 상징
계절의 여왕

유독
너만이 뿜어내는
미모의 사랑
꽃물의 사랑
향기의 사랑

뜨거운 입맞춤으로
열정을 태우고 싶구나

초록 잎 사이사이
진홍빛으로 묻어둔 사랑

너만의 개화이며
너만의 자존인 것을

가리라 나는

가을이 떠나간다.

산기슭 풀들은
누런 우거지 빛
띠를 풀어 헤치고 누웠다

붉어진 가슴
쿵 쿵
심장의 박동 빨리도 뛴다
낙엽 떨어지는 소리 같은
휑한 고독

허허로운 들녘
노을이 지고
어둠이 몰려오고
홀로 가는 길일지라도

동녘에 햇살 퍼지고
서녘 하늘 붉게 물드는
마지막 그 날까지
꿈을 향해
터벅터벅 가리라

가을날

우수수 떨어지네
들꽃이 흐늘흐늘 어깨를 떨구네

귀뚜라미 구애의
노래 멀어져가는 이 가을

나는
소슬바람 불어오는
언덕에서 고추잠자리 같은
자유를 그리며
스스로에게 충실한
가을을 닮으려하네

가을 들녘 곱게 물들었네.
나는 바알간 노을이 되었네.

산사의 목탁소리
들릴 듯 말 듯

겨울 새

바람도 쉬어갈 수 없는
차가운 날
등 기대면 더욱 등이 시린
앙상한 나무들뿐
나무들 뼈마디가 웅 웅
부서져 내린다.

자연의 심장에 묻어두고
남겨 두고픈 이 저 이야기
초롱초롱한 새의
눈동자에 그렁그렁

가로등 번득이는
거리에서 종종걸음
두리번두리번 콕,
콕 먼 산에 눈을 두고

파르르 깃털 곧추세워
자유를 찾아 훨 훨
임을 찾는 하얀 밤

고독의 날개를 펴고
하늘 길 떠나는 겨울 새 한 마리
콧등이 매운 밤

길

바스락바스락
낙엽 밟는 소리
갈바람에 마음 젖어
걷고 싶은 길

홀로
심연의 고독을 차곡차곡 묻고
못 다한 교감의 사연
쏟아 놓는 길

아쉬워
차마 못 잊어
가지 끝 매달린 잎새 하나
울음 우는 길

마지막 잎새마저
머언길 떠나갈 때
가슴 태우며
손 흔들어 주는 길

또 다시 만날

그 날을 기약하며
그대 손잡고
꽃길을 만들어 가는

꽃길

하얗게 차려 입은 마님
노랑나비 앞세우고
여인의 타는 가슴에 진홍빛
입맞춤을 한다

살을 헤집어 돌부리에 걷어 채인
아픔마저도 잊은 채
꽃등 밝혀 풀어놓은 온갖 향내가
내 가슴 속 까지도 스며든다.

비바람이 불어도 꽃은 피듯이
고난 속에서도 꿈을 꾸듯이

고달프고 힘든 삶일지라도
햇살 같은
별빛 같은 마음으로
오순도순 살다보면
웃음꽃이 번져가기도 하고
인생도 피어 지는 꽃이어라

나를 찾는다

새벽녘 별빛까지 끌어 모아
내 가슴을 비춰 보아도
찾을 수 없네

나는 아직 어둠을 헤집고
나올 생각도 하지 않는데
아침햇살은 해바라기 웃음 되어
유리창에 전파를 쏘아주는 빛살

오늘도 아무 일 없는 듯이
안개 자욱한 도심의 빌딩 숲에서
나를 찾아 헤맨다

또 다시
비틀
비틀
비틀

낙엽 1

이 태전 끼워 둔
노란 엽서 한 장
그대로인데 또 다시
주워 본 붉은 잎새

생의 긴 여정
아직도 초록인데
오색 물빛 저물어 가는
들녘에 서서

바람결에 띄워 본
갖가지 사연들
사내아이가 되고 싶던
일곱 살 그 일자머리 소녀는
어디로 갔을까

그 촌스럽던 내 볼우물에
퐁당 빠지고 싶어 했던
그 머슴아는 또 어디에
빠져서 살고 있는 걸까

세월이 탄다.
마음이 탄다.

낙엽 2

난,
빈 가슴으로 떠도는
방랑자

갈바람에 취해
일렁이는 붉은 물결

가늠하지 못하는
자연의 순리에
순응하는 발자국

외로워서 서러워서
갈색 휘파람으로
길 떠나는
쓸쓸한 잎새

낙조

해넘이의 바다

남아있는 목숨 불꽃으로

어둠을 태우고 돌아서는

찬연한 넋

내 예순 계단 석양을 지고

저벅저벅 따라 걷는

붉어서 서럽고

서러워서 붉은 바닷가

노을이 탄다

들에는 마른 풀 향기
우 우 바람이 분다
여기저기 가을 운다

수런수런 잔기침에
단풍잎 뚝 뚝
잎 진자리마다 꼭꼭
숨겨 놓는다, 지나간
봄의 뒷자락을

귀뚤귀뚤 귀뚜라미
구슬피 울어대는
밤이 지나고
동이 트고

또 다시 겨울 그리고 가을
창밖을 서성대는
쓸쓸한 그림자

내 가슴도 탄다.

새 세상

바스락 바스락
묻어둔 겨울이야기
쌓인 먼지 툭 툭 털고
꼬물꼬물 비비적 비비적
푸른 엽서를 띄울 준비를 한다

울엄니 젖꼭지를 닮은
가지가지 초록의 눈망울이
옹알옹알 꼼지락 꼼지락
봄의 문턱을 넘어선다

햇살 한줌 받아 쥐고
사뿐사뿐 찾아온 봄이
꽃무지개 피어나는
언덕에 새 세상을 연다

목련 1

또록또록한 눈망울
허공에 묻고 피어나는
보송보송 젖빛 살결
입맞춤으로 분분하네

가지마다 물안개 돌고
잎새 하나 틔우지 못한 진통
집 나온 처녀 젖가슴처럼 봉긋이
면사포 쓰고 오시네

남풍 머무는 오솔길 따라
꽃상여 타신 천사
봄바람 날리며
신비의 터 양지바른 곳
봇짐 풀어 꽃자리
좌판 벌리네.

목련 2

후리후리하게
쭉쭉 뻗은 나뭇가지들이
휘청휘청

이리 흔들리고
저리 쏠리면서도
온갖 어려움을 딛고 일어난
너,
산자와 죽은 자의
몸부림이었을까

새벽에 눈을 뜨자
마당에 나왔더니
진통을 벗어
순산을 하였구나

비비적 비비적 눈을 떠
우윳물로 세수를 하고
맑디맑은 기쁨의 눈물방울
조르르 흘리면서 꽃방석 깔아
첫발을 내 디딘
넌,

코스모스

야리야리한
눈웃음
날아갈 듯
날아갈 듯
건네는
상큼한 인사

꼬리가 바알간
고추잠자리
내 곁에 달려와
소곤소곤

바람에 날리는
저 꽃잎

봄이 오는 길목에 서서

우리 모두 푸른 들을 걷자
푸른 하늘을 보자

지금 서 있는 이곳이
행복의 샘터임을 알자
순간순간을 감사하며
있으면 있는 대로
없으면 없는 대로

사계절을
디디며 살아가는 것이
얼마나 기쁜 일인지
푸른 산이 나를 지키니
내 머리 위에는 푸른 하늘

꿈을 꾸던 산이
벌떡 일어나 들을 깨우고
햇살을 불러 모으니
나도 따라 푸른 눈을 뜬다

봄이 오는 소리

살얼음 풀린 강가엔
버들강아지 개나리
실눈을 비비고

햇살 머금은 냇가엔
송사리 떼 너울너울

피식피식 옹아리를 하며
단잠에서 깨어나는 뒷동산은
오늘 따라 길게
길게 기지개를 켜고

진달래 삐비꽃 따 먹던
어린 시절의 추억은 또
커피 향에 녹아내려
아스라이 그리워지는

진달래

동풍은 들판을 깨우고
물오른 마디마디
다순 온기를 지펴
봄은 우리를 부른다.

생각의 골에 남아 있던
젊은 날의 꿈은
활화산으로 불타올라
멍울진 한 터지듯
여울여울 피어난다.

굽이굽이 등성이마다
피고 지는 연정
오늘 고독한 한 여인의 입술이
붉은 꽃잎 하나 물고 있다.

질경이꽃

넌
시들지 않는 생명의 꽃

흙먼지 풀풀 날리는 들길
신작로에 꼿꼿이도
서 있구나

누구의 손길, 눈길 한 번
물 한 모금 주지 않아도
보라는 듯 구석구석 피어
텅 빈 자들의 마음을
가득가득 채워주는구나

비바람에 할퀴고
몸통이 잘리어 나가도
푸른 꿈을
잊어서는 안 된다고

성난 바람 하루에도
몇 번씩 산천을 돌고 돌더라도
푸른 웃음 꺾이지 않았느니

질겅질겅 씹지 마라
구둣발로 밟지 마라

저 별처럼

어둠 속에서 빛을
뿜어내기에 더욱 아름답지 않을까

저마다의 삶이 흔들릴 때
저 하늘의 별밭에 눈을 두면
흔들리는 가슴 가슴마다에
빛이 되고 그 빛 또한
누군가의 가슴에
샛별의 맑디맑은 빛을
전할 수 있으리

바람 불고 고달퍼도
내 안의 빛을 잃어서는
안 된다는 것을
깨달았을 때
나를 찾았을 때

세상 길에 마음 내려놓고
숨 한번 길게 토해내고
어느 나무 그늘 아래 조용히
봇짐 풀어 돗자리 펴 놓으면

나뭇잎 사이사이
금빛 세상이 보이는 삶

밤하늘 별들이 오늘
소곤소곤 어울림의 하모니로
은하수 건너 흘러간다.

첫눈

빈 가지에 매달린
잎새 하나
채우지 못한 가슴을
훑고 지나간다

초록 바람에
꽃눈으로 날리던 함박 웃음은
억새 울음 울던 길 위에
목화송이로 피었구나

생을 덧칠하는
나이를 잊게 하는
따끈한 찻잔을 부여잡고
목마른 그 옛날을
다시 찾게 하는

운동회

눈깔사탕은 없지만
예나 지금이나
만국기 펄럭펄럭
북소리 둥 둥 둥
우리 백군 이겨라
우리 청군 이겨라

꼴찌가 일등으로 손 번쩍 들고
들어오는 손녀를 보고
땅을 치며 웃으시던
내 어머니

어기영차
뱃노래에 삼색기 날리는
봄 하늘 아래 화려한 부채춤
운동장 한 구석에서는
덩실덩실
유년의 소녀가 따라 추고 있다.

영종도의 밤

어느 날 오후
지하철에 몸을 싣고
검푸른 바닷길 건너
내 새끼들 찾아 달린다

마중 나온 딸들과 손녀
밝고 맑은 웃음의 메아리로
가득 채운 운서역에는
반가운 눈빛들로
광채가 서린다

저마다의 이 말 저 말
꽃봉오리 꽃잎 터트리듯
오랫동안 쟁여 둔 이야기
이런 저런 말잔치로
시끌벅적한 딸들의 수다

그저 감사의 눈물만 일렁인다.

여기저기 흔들리는
영종도의 불빛

철썩 철썩
파도소리와 함께
깊어가는
우리들의 이야기꽃

이사

재재재재
귓전을 울리는 소리
저 소리
둥지 찾나 새끼를 찾나
철새들의 울음소리
어쩌자고 그토록 피를 토하나
나도 따라 새가 되어
울고 싶은 날

후득 후득
후드득 떨어지는 소리 내 가슴을 때리는
저 소리
무슨 사연이 그리도 많아
이토록 창밖을 서성이나
나도 따라 빗방울 되어
가슴을 치고 싶은 날

중년의 고독

채워진 듯 빈 가슴
화려함으로만 채색한 날들
아낌없는 사랑 하나
만나지 못하였네.

어렴풋이 날아드는 미소는
비바람에 젖어 날아가고
노오란 빛 추억만
꿈으로 피어나네.

돌이킬 수 없는
시간들은 고독의 눈물 꽃 되어
젊음을 돌려 달라하네.

은빛 머리
붉은 낙조의 꿈은
새록새록 한 사랑 하나
가꾸어 가고 싶어 하네

인생

꽃길인 듯 눈길인 듯
사랑하지 않고는 견딜 수 없는
인생이라는 차표 한 장 들고
희비곡선을 그리는 삶

설마 설마하면서
긴가민가하면서
조마조마하면서
부대끼며 살아온

종착역이 어디인지도 모르고
오늘도 누군가가
간이역에서 서성댄다.

들꽃 하나도 질기고 긴
생명의 끈을 놓아버리지 못하고
몸부림을 친다.

채워도 채워도
채워지지 않는 빈 가슴
있으면 있는 대로

없으면 없는 대로
넉넉함에 사랑이란 이름을 더하여
구불구불 구부러진 인생여정

오늘도 긴 한숨 내쉬며
영마루 넘는 머나먼 길을 본다.

3. 해변에 띄우는 연가

초록 눈은 꿈이었네
가지마다 피는 꽃은 사랑이었네
피고 지고 피고 지는 생명이었네

가을

가을이 톡, 톡 익어간다
젊음이 아쉬워 부르다
얼굴 붉힌 갈잎의 노래

울긋불긋 물든 산야
알알이 열매 맺은 들녘지키다
지쳐 쓰러진 허수아비
빈 하늘에 서러움 토해낸다

붉게 타오르는 열정
깊디깊은 눈빛
심연에 고여 살찐 가을

또 다시
태어날 그날을 위해
색동옷 갈아입고
길 떠날 채비를 한다.

가을 사랑

가을이 좋아
나는 너를 좋아한다

고독이 좋아
나는 너를 좋아한다

솔바람 사이를 걷는
오솔길이 좋아
나는 너를 사랑한다

그러나 정녕
미래가 없다면
어찌 너를
사랑할 수 있을까

겨울 숲

가을이
서서히 옷을 벗는다
해 저문 텅 빈 들녘엔
휘이잉, 휘이잉

휑한 휘파람 소리에
참새 한 마리 푸드득
날개를 털고 날아간다

사박사박
눈 덮인 오솔길엔
아는 이 하나 없고
어둠이 깊어가는 밤하늘엔
별 하나 보이지 않는다

반짝이는 별 하나
가슴에 묻는
가난한 겨울 숲

노란 길 걷다

가을이 지나간다. 바람 같은
죽는 것보다 늙어가는 것이
더 싫다는 그녀

저 슬픈
가을의 눈을 보라고
그냥 가기엔 차마 빈 손

외로움 뚝 뚝
땅을 치며 웅얼웅얼

얼굴 붉어져
지나갈 그 자리에
가을이 톡 톡

밤하늘 별들도 반짝
봄을 기다리는 연습을 하는데
살아있다는 것에 두려운 그녀
떠날 채비로 분분한 그녀

9월이 오면

9월이 오면
들꽃으로 가득하겠네

풀벌레 애절한 울음
산들바람에 미소 짓는
들꽃들의 향연 아련한
그리움으로 타 오르겠네

쓸쓸함이 가슴에 묻어나면
들꽃향기 은은한 들길
걸으며 내 마음의
향기도 전해야겠네

이름 모를 꽃들
순수를 마음 밭에 심어
물도 주고 김도 매어
옥토로 빛부신
기도를 해야겠네

못 다한 사랑의
이말 저말

그윽한 눈빛으로
속삭여야겠네.

둑

굽이굽이
한 많은 사연들
아픔과 설움을 딛고
지금까지도
변함없이 흐르건만
여기, 저기에서 숨통을 조이고
핏줄을 잘라내어
툭, 툭 곪아 터지는 피고름
사방에서 죽음을 자초하며
무너져 내리는
삶이라는 이름의
소리 없는 아우성

4월

임이시여
어찌 그리 바삐
꽃잎 접으시나요
그리도 바쁘신가요.

푸른 날개 펴지도 못한 채
그 희디 흰 고운 몸매 어찌하시고
훌훌 떠나 가시나요.

저편
무지개 피어나는 언덕에 우리들
당신을 따라 톡,
토독 꽃등을 켭니다.

가시는 길
서러워 마세요.
뒤돌아보지 마세요.

사이

9월이 오면
향기로운 시 한 수
가슴 속 붉게 물드리네

마음의 호수에 타임머신을 단
돛단배 한 척 띄워
그 옛날로 돌아가게 하네

흐드러진 구절초
민둥산에 하얗게 핀
억새 서걱서걱
하늘도 따라 깊어지네

이 가을
손 놓고 그냥 있기에 아쉬운
너와 나의 사이

三島

이태 전 다녀간
선착장
또 다시 둘러보아도
끼룩 끼룩 뱃머리 날으는
갈매기 울음마저도
예전 그대로인데

생의 긴 여정
아직도
초록 깃발은
푸른 하늘 아래서
펄럭이건만

하얀 파도에 밀리고 부서지는
해 저문 바닷가에서
지지고 볶이며 허덕허덕 살아온
지난날을 떠올리며
오늘도 난 허적허적 걷는다.

※ 삼도(三島) : 옹진군에 속한 시도, 신도, 모도

3월

대지가 일어난다
시린 마음에 불을 지펴
달음질하는 꽃샘바람에
기다리는 이 없어도
움트는 두근거림
피식피식 소곤소곤
꽃눈들의 하모니
톡,
터질 것 같은 꽃망울
봄바람 꽃바람에
온 밤 뒤척이며
들뜨는 여자의 마음
꽃향기에 취하고
한잔 술에 취하고 싶은
얼근한 계절, 3월이여!

삶

바람을 피우네
꽃물을 뿌리네
오는 듯 가는 듯
흘러가는
꽃바람이었네
꽃구름이었네

마디마디
초록 눈은 꿈이었네
가지가지 피는 꽃은
사랑이었네
눈물이었네

피고지고
피어지는
우리들의 서글픈 삶

시월의 마지막 밤

밤하늘에
트럼펫 소리 울려 퍼진다

에메랄드빛 사랑
소롯이 피어나는 가을 밤

가로수 사이 별빛 비틀거린다
내 마음도 건들건들
그 사내의 흔적도 아른거린다.

마른 갈댓잎 같은
퍼석한 가슴
하늘가 붉은 노을에
취한 짚시 여인

바람은 계절을 부르고
허허로운 가슴 여미는
시월의 마지막 밤
별똥별 떨어진다.

12월은 문턱이 없다

정신없이 달려온
한 해의 끝자락
그 곳에 내가 있다.

스치는 인연들
소중한 삶이었는지
그곳에서 묻는다.

아쉬움은 최선의 삶으로
부족함은 여유로움으로 채우자고
그 곳에서 다짐한다.

기대와 설레 임으로
또 다시 여는
새로운 문
바다가 보인다.

시작

무한대를 향한 출발
설레임으로 가득한 꿈은
가슴을 흔들어 깨우고

눈빛은 햇살 되어
새로운 각오로
엮어보는 설계도

인생의 고비마다 예고된
전파를 쏘아
넉넉한 마음으로
허공을 찢어 피워내는
꽃

5월 1

내 고향 남쪽에는
붉고 하얀 찔레꽃이 웃고
노란 보리밭 그 언덕엔
종달새가 둥지를 틀고
사방에서 그렇게 마음을 흔드는
오월

초록의 숲에서는
뻐꾹새 그 울음소리마저도
시혼을 흔들어 깨우는

그리고
또
내가 누구인지
아무에게도 말하지 않고
푸른 숲으로 들어가
잃어버린 나를 다시 찾고 싶은
오월

5월 2

라일락 향기에 취해
홀로는 견딜 수 없네.

산내들
들썩이는 물소리 새소리

저편
꽃무지개 피는 언덕
꽃비 날리는 옛 길

꽃들의 함성 듣자하니 다시금
사랑을 불 지피고 싶은

시의 향기
흩날리는

이 가을에

흰 구름 벗 삼아
훨훨 날고 싶은
우주공간에서

다 비우고 떠나는
가을처럼 어디론가
떠나고 싶은 계절

오솔길 되어
두 볼을 스쳐가는
산들바람 되어

너에게 가 닿고 싶다
너를 녹이고 싶다.

탑동

내 울음소리 터트린 고향
열두 살에 떠난 그곳

푸른 산을 휘이 둘러보면
겨울철 땔나무하던 머슴들이
봉초를 꾹꾹 눌러 담는 할아버지 얼굴이
쟁기질하는 아버지의 모습과 막걸리 주전자에
된장종지와 풋고추 마늘 몇 쪽 들고 서 있던
내가 보인다.

수건 쓰고 밭에 앉아계신 어머니가
대나무 숲에선 죽순을 따시던
찢어진 당숙 바짓가랭이가 보인다.

탑하나 덩그렇게 남아
내력을 물어봤더니
6·25 전후라느니 일본 놈이 태우고 갔다느니
별것을 다물어 본다느니
이야기하는 건지 싸우는 건지
답을 줄 건지 말 건지
얼근하게 막걸리 한 사발씩 들이키며
분분한 이야기뿐

하얀 발자국

누가
만든 발자국일까
하얀 길모퉁이
소복이 덮인 오두막
첫사랑 아련한 그 곳
사각사각
걷는 길 위에 옛 그림자
영상으로 휘돌아

누가
만든 발자국일까
목화송이 날리는 사랫길
어릴적 노닐던 그 길
뽀드득 뽀드득
말이 없어도
자꾸만 따라오는
하얀 발자국

행복

목줄까지 채워진
끝이 없는 욕심
오욕五慾의 노예가 되어
만족할 줄 모르는
번뇌 망상

탐貪 진瞋 치癡
사슬에 풀려나서
채워지는 진실 앞에

두려움과 어둠 속에서
얽키고 설킨 실타래를 풀어
나를 찾을 때
내 안에 머무르는 것은

광명인

가냘픈 씨앗 하나
바람 따라
발길 따라
황량한 벌판으로
홀씨 되어 날아들었다

여긴, 발길 머물고 꽃 피운
인고의 고향
노여움도 외로움도
바람에 날려 보낸
고달픈 인생길

내 생生의 희로애락喜怒哀樂
이곳에 묻히리
꽃비 되어 나아갈
봄날의 환희
꿈으로 가득하네

봄 향기

움츠린 가슴 살짝 열리는
봄 향기 맡으세요, 라는
님이 주신 문자메시지
감미로운 속삭임

가슴에 묻어둔 님의 정
사랑 꽃으로 피어
포근한 행복
마음밭에 뿌리네.

꽃샘바람이 부는 데도
마중하는 가족나들이었나보다
꽃샘으로 터트리는 촉망울
꿈을 펼치는 매화의 영상
내 마음도 터질 것 같은

겨우내 쌓아둔 이야기들
꽃세월로 돌아가 이 생각
저 생각에 설레는 여인
괜시리 가슴 울렁이는
님이 곁에 오신 듯 들명날명
괜시리 들뜨는 봄바람(춘정)

오늘

잠자리에 들기 전
오늘 이루어진 일 중에
반성과 용서 미움과 사랑도
베갯머리에 둡니다.

이 말 저 말
향기나는 것만 골라서
정수리에 넣습니다.

가슴 속에서
불길 하나 솟습니다
새로운 다짐으로
하루를 닫습니다.

베갯머리에서 피어나는
아름다운 꿈나라
입술이 벌겋게
타오르고 있습니다.

해변에 띄우는 연가

산허리 감도는
물안개 추억 안고
갯내음 가득한 해변으로
떠나는 설레임

철석 철석
부서지는 하얀 파도는
뱃고동 소리에 손짓하고
슬픈 갈매기의 노래는
옛 사랑을 떠올리게 한다.

밀려왔다 쓸려가는
소중한 인연들
저 수평선 아득한 먼 곳에서
꿈으로 얼룩진 세월을 낚겠지.

해 저문 바닷가에서
노을빛으로 차곡차곡 묻어둔
옛 생각은 고즈넉한
밤의 파도를 일으킨다.

꽃길을 걷다

코끝을 스치는 봄 향기
방망이질 치는 설레는 가슴
여인의 이랑에 사랑을 심어
휘파람 불며 하냥
걷고 싶은
봄날

아롱아롱 아지랑이 길
연분홍 꽃구름 사이
쌍쌍의 젊은 남녀 입가엔
웃음꽃이 저절로 피어나고

짝을 지어 조잘거리는
물새들도 활짝 나래를 펴
입을 맞추기도 하고

작품해설 김영숙 시집『초록바람』

풍경과 기억 사이

오 봉 옥

詩人 • 서울디지털대학교 교수

1

얼마 전 삼성경제연구소가 CEO를 대상으로 '오늘의 내가 있기 까지 가장 힘이 된 생활습관'이 무엇인지를 묻는 여론조사를 실시했다 합니다. 그 결과 매년 높은 반응을 보인 '순망치한脣亡齒寒'보다도 '형설지공螢雪之功'을 새롭게 선택해 사람들을 놀라게 했습니다. 잘 되려면 '관계'를 잘 풀어가야 한다는 말을 많이들 합니다만 요즘엔 그 '관계'보다도 '새로운 지식'을 쌓아가는 일이 더 중요하다는 말이 되겠습니다. 흔히들 우리 사회를 가리켜 '지식정보화시대'라고 하는 것에서 알 수 있듯이 현대 사회를 살아가려면 새로운 지식을 끊임없이 습득해야만 합니다.

생명공학이 발달하면서 인간의 수명을 대폭 늘려놓고 있고, 인터넷 정보통신이 발달하면서 국경을 초월해 정보가 넘나드는 등 세계는 날로 변해가고 있습니다. 이제 떠들썩하게 벌이곤 했던 환갑잔치도 슬그머니 사라져가는 중이고, 머나 먼 지역으로 인식됐던 아프리카나 남아메리카조차도 이웃집과 대화하듯 실시간으로 통화를 할 수 있는 시대에 살고 있습니다. 세계 변방에서 일어나는 일들이 인터넷을 통해 실시간으로 전달되는 시대, 나아가 우주에서의 일들조차도 인터넷을 타고 전 세계로 생방송되는 시대에 우리는 살고 있습니다.

하지만 과학문명이 아무리 발달한다고 해도 모든 것을 다 해명하고 있지는 못합니다. 특히 깊은 바다 속은 높은 수압 때문에 전혀 접근을 하지 못하고 있습니다. 지구온난화로 인해 수많은 종이 사라져가고 있고, 또 수많은 종이 새롭게 생겨나고 있습니다만 그것들을 과학적으로 해명하고 있지 못하는 게 오늘날의 현실이기도 합니다. 그것은 비단 바다 속만의 문제가 아닙니다. 사회 인문학적으로도 새로운 현상들이 끊임없이 생기고 있어 항상 새롭게 배우고 익히지 못하면 오늘날의 '지식정보화시대'를 살아갈 수 없습니다. 말하자면 우리가 잘 살아가기 위해서는, 나아가 사회의 리더가 되기 위해서는 새로운 지식을 끊임없이 습득해야만 합니다. 이렇게 속도 빠른 시대에서는 학교에서 배운 지식이 구시대의 지식이 되기 쉽습니다. 몇 년이 지난 후 학교에서 배운 지식은 낡은 지식이 되어버려 더 이상 써먹을 수가 없게 되는 것입니다.

지식기반 사회에서 가장 중요한 것은 말 그대로 지식이지 자원이나 자본, 그리고 노동이나 토지 등이 아닙니다. 요즘 우리 시대의 화두로 '평생교육'을 이야기하는 사람들이 많습니다. 오늘날 우리 사회는 개인이든 국가든 평생학습을 해야만 생존을 보장받을 수 있게 되었고 삶의 질을 높일 수 있게 되었습니다. 어떤 철학자는 이제 '평생학습을 하지 않고는 개인이든 국가든 도시든 언제든지 사라져갈 수 있다'고 경고를 보내기도 합니다. 그런 점에서 우리 사회 역시 '평생학습'을 실현시키기 위해 모든 영역에서 힘을 쏟고 있습니다. 국가는 국가대로 평생교육법을 만들어 평생교육 기반을 마련한다든지 도시는 도시대로 평생교육기관을 만들어 시민들에게 교육의 혜택을 준다든지 개인은 개인대로 평생학습을 받으며 자기개발을 한다든지 각자 삶의 질을 높이기 위해 노력하고 있는 것입니다.

이제 우리는 교육을 받고자 하면 얼마든지 받을 수 있게 되었습니다. 평생교육기관에서 만든 대학이며 백화점 문화센터며 동사무소 교육센터에 이르기까지 실로 많은 교육기관이 우리 주변에 자리하고 있습니다. 그 중 놀라울만한 한 곳을 소개하자면 '광명시'에서 만든 평생학습원이 그것입니다. 광명시는 우리나라의 '평생학습도시 1호'로 선정되었습니다. 그런 만큼 여러 지자체에서 공무원을 파견하여 그 실태를 파악해보는 것과 함께 운영의 노하우를 배워가고 있습니다. 광명시 평생학습원에서는 대중이 요구하는 강좌를 끊임없이 개설하고 있고, 그 강좌가 끝나면 자연스럽게 수강생들 중심의 동아리가 만들어져 학습을 이어가고 있습니다.

그렇게 만든 동아리는 현재 250여 개에 이르고 있고, 그 동아리들은 여러 가지 행사를 기획하고 실시하는 등 날로 발전해 가고 있습니다. 그 한 중심에 광명시 평생학습원 동아리 연합회 총회장을 맡고 있는 김영숙이 있습니다.

짝 잃은 어미 새
안개 자욱한 낯선 길
홀로 가기엔 버거운 여정

받아든 홍보지 한 장
실낱같은 희망 붙잡고
평생학습의 문을 두드린다.

꽃꽂이로 꽃의 기품 세우고
서체로 마음의 길을 닦으며
시법을 배우며 한 행 한 연
나도 모르게 풀어놓는 실타래

꽃만 꽃이 아니구나
메마른 땅에 단비가 따로 없구나

봄날 실바람에
부푼 가슴으로
높다랗게 날아가는
어미 새

– 「어미 새」 전문 –

김영숙을 말하기 위해서는 일 년의 세월을 거슬러 올라가야 합니다. 어쩌다 광명시 평생학습원의 시창작반을 맡게 되었는데 거기에서 그녀를 만난 것입니다. 그녀는 자상한 안방마님처럼 새로 온 시창작반 회원들 하나하나를 일일이 챙기고 있었고, 수업의 분위기를 좋게 만들기 위해 솔선수범하여 궂은 일을 도맡아 하는 등 여러 가지 면에서 리더로서의 면모를 보여주고 있었습니다. 그런데 놀라운 것은 우리 시창작반뿐 아니라 수많은 강좌를 뒤에서 챙기고 있었다는 점, 250여 개나 되는 동아리의 활성화를 위해 끊임없이 고민하고 있었다는 점이었습니다.

그녀는 늘 분주히 움직이고 있었습니다. 오며가며 평생학습원 동아리연합회의 회장실을 눈여겨보면 그녀는 늘 상주해 있었고, 늘 누군가와 상담 또는 회의를 하고 있었습니다. 그렇게 '홍보지 한 장' 치켜들고 온 사람들에게 길안내를 해주거나 각 동아리 회장들을 부추겨 동아리가 더 활성화될 수 있도록 노력하고 있는 것이었습니다. 그런 노력이 있었기에 광명시가 '평생학습도시 1호'로 선정된 것이고, 수많은 사람들이 '평생학습원'을 '부푼 가슴'으로 찾아와 '높다랗게 날아가는 어미 새'로 거듭나는 것이겠지요. 이러한 점에서 보면 그녀는 '여걸'의 이미지, '여장부'의 이미지를 갖고 있다 해도 괜찮을 만큼 여성 활동가로서의 면모를 지니고 있었습니다. 허나 그것은 또 조용하게 사색을 즐길 것 같은 '시인'의 이미지와는 사뭇 다른 것이기도 했습니다.

하지만 그녀는 오랫동안 시 공부를 해온 사람이기도 했습니다. 나를 만날 때 이미 많은 작품들을 쓴 상태였고, 시적 기량 역시 만만치 않은 내공을 과시하고 있었습니다. 그런데 시보다도 나를 더 놀라게 했던 건 그녀의 때 묻지 않은 성품이었습니다. 그녀는 '여걸'의 이미지와는 전혀 다르게 여린 감성을 유지하고 있었고, 때론 의외다 싶을 만큼 소녀적 감상벽까지를 오랜 세월 지니고 있었습니다. 시를 이야기하거나 웃을 땐 숫기라고는 찾아볼 데가 없을 만큼 쑥스러워하는 기색이 역력했습니다. 시 역시 마찬가지였습니다. 그녀의 가슴 속에는 세상의 때가 전혀 묻지 않은 한 소녀가 살고 있어 청정의 언어만을 뿌려대는 것처럼 느껴졌습니다. 그래서 현실의 그녀가 시를 쓰고 있는 것이 아니라 가슴 속에 살아 있는 또 다른 '소녀'가 시를 쓰고 있는 것 같았습니다.

2

김영숙의 시는 자연 등을 소재로 한 생태학적 상상력의 시가 유독 많습니다. 생태학적 상상력의 시는 보통의 경우 자연의 아름다움을 찬미하는 시, 자연의 파괴에 따른 현재의 상실감을 간접적으로 비판·풍자하는 시, 환경 파괴와 생태학적 위기를 직접적으로 비판·풍자하는 시 등으로 나누어집니다.

겨울이 떠나간 자리
잎샘바람 문지방에 걸터앉아
변덕을 부리는 바람에
노란 실눈 끔벅
끔벅, 솜털을 벗는 진통
견디기 어려운 온갖 시달림에도
숨 몰아쉬며 눈을 떠 날개 달았으니
잎샘아, 꽃샘아 불어라 불어
그 시샘 한두 해 아니거늘

들녘마다 햇볕 쏟아지는
한적한 곳 어디든 알쏭달쏭
마음 풀어 꽃자리 펼치는구나
봄아, 너를 두고 사람들은
젖빛 살결 뽀얗다느니
노랑 물빛으로 새 세상 연다느니
두런두런 많은 말들을 쏟아내지만
정작 너는 불타는 듯 붉디붉은 이야기들
초록 잎 사이사이 진홍빛 사연을 담아
여기저기 함성으로 터트리는구나.

- 「꽃샘잎샘」 전문 -

생태학적 상상력을 발동하여 쓴 그녀의 시 대부분은 자연을 찬미하는 쪽으로 나아갑니다. 계절(봄)에 대한 찬미는 새삼스러울 것이 없을 만큼 흔한 것이거니와 꽃샘바람을 이겨내고 붉은 꽃을 밀어 올리는 봄의 이미지

역시 우리에게는 매우 익숙한, 그 자체만으로는 특별한 감흥을 안겨줄 만한 것이 되지 못합니다. 하지만 이 시는 제목에서부터 우리를 낯선 세계로 몰고 갑니다. 꽃 피우는 걸 샘낸다는 뜻의 '꽃샘'이라는 말과 함께 '잎'이 올라오는 걸 샘낸다는 뜻의 '잎샘'이라는 신조어를 만들어내고 있다는 점, 그 둘이 또 복합어의 형태로 또 다른 느낌을 주고 있다는 점입니다.

개화의 이미지를 그 어떤 '사연'과 연결시킨 점도 새롭다고 말할 수 있습니다. 피어난 꽃송이 하나하나에 그 어떤 특별한 '사연'이 담겨있다는 발상은 우리로 하여금 아름다움의 상징일 뿐인 '꽃'의 이미지에 의외의 활력을 불어넣습니다. '봄'을 찬미한 수많은 작품 중에 이 시가 특별한 존재 의의를 갖는 것은 다른 무엇보다도 그 꽃 하나하나에 '진홍빛 사연'이 담겨 있다는 바로 그 발상 때문일 것입니다. 여기서 한 가지 간과할 수 없는 일은 그녀의 시에는 동물보다는 식물을 노래하는 시가 압도적으로 많다는 점, 그리고 그 식물성의 정신이 거의 대부분 '계절'과 맞물려 작동하고 있다는 점입니다.

옹기종기 피었네
들판 길섶 묵정밭
버려진 허드레 땅에
수런수런 두런두런

흔하디 흔해
개 자字로 시작되는
슬픈 야생의 꽃

나도 꽃이야
나도 꽃이야
하얀 얼굴 노란 눈망울
푸릇푸릇 간들간들
웃음 머금은 망초꽃

개망초가 무성하면
나라가 망한다는데
그 슬픔을 아는지 모르는지
피고 지고 또 피고

— 「개망초」 전문 —

이 시 역시 '꽃'과 '사연'을 연결시키고 있습니다. '개망초'는 들판이나 길섶 또는 묵정밭의 허드레 땅 같은 곳에 아무렇게나 피어나는 꽃, 너무도 흔해 누구도 거들떠보지 않는 꽃, 그렇듯이 '꽃'으로의 대접을 받지 못하는 소외된 존재여서 '개망초가 무성하면 나라가 망한다'는 말이 따라다닐 정도로 '슬픈 사연'을 안고 있는 존재입니다. 그런데 간명한 형상으로 이루어진 이 시에서 새삼 주목해볼만한 일은 계절과의 연관성입니다.

이 세상에서 가장 짧은 형식의 시는 일본의 하이쿠로 알려져 있습니다. 5·7·5의 17음音형식으로 이루어진 하이쿠는 해학적이고 응축된 어휘로 인정人情과 사물의 기미機微를 재치 있게 표현하는 것과 함께 계절을 암시하는 언어가 반드시 들어가는 것을 그 특징으로 삼고 있습니다. 흥미로운 점은 이 하이쿠의 특징이 김영숙의 시에 그대로 드러난다는 점입니다. 그녀의 시는 「개망초」에서 확인할 수 있는 바와 같이 간명한 형식으로 이루어져 있고, 대체로 계절과의 연관성 속에서 쓰여 지고 있습니다. 그것은 갈수록 난해하고 산문화되어가는 현대시의 경향과는 반대로 극도로 말을 줄이고 압축하되 행간의 의미가 넓고 깊이 있는 시를 써보겠다는 의지, 서정시 본연의 절제와 여백의 활용으로 보다 견고한 시를 쓰고자 하는 그녀의 의지 속에서 발현된 것이 아닐 수 없습니다. '계절'과의 연관성 역시 그러한 관점에서 이해됩니다.

그녀의 시들은 현대시의 다양성과 도시적 지향성에서 벗어나 자연을 매개로 한 전통적 서정시로 돌아가려는 경향을 띠고 있습니다. 그런 의도가 잘 드러나고 있는 「개망초」는 여백의 미와 함께 '개망초' 같은 수많은 존재들을 환기시키고 있다는 점에서 주목이 됩니다. 우리 주변에도 그런 '슬픔'을 안고 살아가는 존재들은 많습니다. 너무도 평범해 잘 보이지 않는 존재, 주목받고 싶고 사랑받고 싶은 존재, 얼굴에 늘 그늘이 깔린 소외받은 존재들 말입니다. 이 시는 그러한 존재들의 삶을 떠올리게 한다는 점에서 시적 환기력이 강한 시라고 할 수 있겠습니다. 다음의 시 역시 평이한 존재들의 삶을 생태학적 상상력을 통해 보여준 시입니다.

들풀이 속삭인다
나무들이 춤을 춘다
돌 틈 사이에서도 삐죽빼죽
오불오불 앞 다투어
꽃망울 터트린다

어느 누구의
자태를 닮으려 하지도
거드름도 시시비비도
요란스럽지도 않으면서
우리에게 채워주는
너희들만의 향기

간질이는 봄바람에 터트리는
작은 봉우리마다 피어나는 열정은
내 가슴을 치고 오는
잔잔한 파동

푸른 들은
들꽃들만이 누릴 수 있는
대공연장

－「들꽃」 전문 －

이 시에서의 '들꽃'은 '돌 틈 사이에서도' 피어나는

흔한 존재이지만 그 '향기'와 꽃을 피우고자 하는 '열정'만큼은 그 어떤 존재보다도 앞서 있습니다. 그러기에 자연의 '대공연장' 같은 '푸른 들'을 만들어낼 수 있고, 화자의 가슴을 치고 오는 '잔잔한 파동'을 만들어낼 수 있었던 것입니다. 이 시의 화자는 그러한 '들꽃'을 따뜻한 시선으로 바라보고 있습니다. 물론 이 따뜻한 시선 역시 '들꽃'과 화자의 동일시 현상에서 기인하는 것이겠지요. 이 동일시의 현상은 '거드름'도 피지 않는 존재, '요란스럽지도 않는' 존재, 그러면서도 자신의 미미한 삶을 '열정'적으로 피워내는 존재로 드러납니다.

이 작은 존재들이 모여 자연의 '대공연장'을 만들어낸다고 하니 거기에는 생명의 고귀한 의식이 깃들어 있음을 확인할 수 있습니다. 이와 같은 점에 비추어볼 때 「들꽃」은 그녀가 자연의 아름다움을 찬미하는 수준에서 한걸음 더 나아가 자연에서 깊은 이치를 발견하는 시라고도 할 수 있겠습니다. 이 시 역시 주목할만한 일은 어휘사용에 있습니다. '삐죽삐죽' '오불오불'이라는 의태어는 '들꽃'의 생명력을 극명하게 보여준다는 점에서 시적 실감을 높이고 있는 어휘들이라고 할 수 있습니다.

김영숙 시의 특징으로 또 한 가지 들 수 있는 것은 과거를 회상하는 시가 많다는 점입니다.

수수밭고랑 사이 조각조각

끊어진 듯 떠가는 구름
빨갛게 익어가는 고춧대를
빙글빙글 도는 고추잠자리 따라
나도 따라 돌던 밭두렁

–「도돌이표」 부분 –

가는 걸음을 멈추고
저 늦가을 속에 한번
잠겼으면 좋겠네

철길 옆 즐비한 판잣집에
하얀 빨래가 널려있는
추억 속 그런 풍경
어디 또 없을까

누구를 기다리지 않으면서도
코스모스 하늘거리는
간이역에 서성서성

–「시간 여행」 부분 –

그녀의 몽상 속에서 우리는 '유년시절의 색채를 가진 그림세계'를 다시 보게 됩니다. 그것은 기억과 시각적 현존의 대위법적 산물이기도 합니다. 기억이 펼쳐내는 그림세계는 늘 시각적으로 실감나게 드러납니다. 이는 '시각'의 구체를 통해 한 편의 시를 완성해 내려는 그녀의 일관된 방법적 의지에서 비롯된 것입니다. 유년시절로 돌아가는 그녀의 몽상은 시간과 공간이 화해하는 장소이자 그녀가 또 휴식하는 장소이기도 합니다. 「도돌이표」는 녹색(수수밭고랑), 파란 바탕 위의 흰색(구름), 빨간색(고추), 검붉은색(고추잠자리), 황토색(밭두렁) 등이 어우러진 추억과 자기 존재감을 확인하는 공간을 그려내고 있고, 「시간 여행」은 흰색(하얀 빨래와 코스모스), 흑갈색(판잣집), 보라색 및 분홍색(코스모스) 등이 어우러진 정情의 공간 또는 사랑의 공간을 그려내고 있습니다. 이는 우리가 태반에 감싸여 있을 때에 느끼는 것과 같은 안온함과 평화로움의 이미지, 그렇게 오래되고 익숙한 무의식 속에 형성된 이미지라고 할 수 있습니다. 이 이미지가 우리에게 실감나게 다가오는 것은 '기억'이 현재의 '감각'으로 이입되면서, 시의 주제를 '그리움'에서 '아름다움'으로 전이시키는 듯한 착각을 안겨주기 때문입니다. 이 '그리움'과 '아름다움'은 또한 '상실감'으로 연결되기도 합니다.

산내들로 에워싸이고
대나무 숲이 안채 사랑채
곳간 허청을 안고 있는
내 고향 초가집

지금은 다
어디에 숨었는가

코흘리개 곰방대
샘터 아낙들 조잘대던
주저리주저리
푸른 계절을 매달은
뒷마당 감나무

방망이질치는 가슴
잠을 설치는 곳

지금은 허물어진 옛터로
잡초만 무성한 폐허의 땅
빈 가슴으로 울컥 쏟아 내는
동백꽃잎보다 더
붉은 그리움

－「그곳」 전문 －

이 시는 변화한 고향의 모습을 통해 그 어떤 '상실감'을 고양된 어조로 보여 주고 있습니다. '대나무 숲'이 감싸고 있는 '고향 집'의 이미지, 늘 터줏대감처럼 우리 의식 속에 살아 있는 '뒷마당 감나무'의 이미지, 그리고 '코흘리개'와 '곰방대'를 든 노인이 함께 다니던 '골목'의 이미지, 동네 아낙들이 나와 조잘대던 '샘터'의 이미지는 다만 추억 속에서 존재할 뿐, 현실에서는 결코 찾을 수 없는 것이기에 고양된 어조로 탄식을 거듭하고 있는 것입니다. 이러한 탄식은 화자의 가슴을 '방망이질' 치게 하고 '동백꽃잎보다 더 붉은 그리움'

을 '울컥 울컥' 쏟아내게도 합니다.

이와 같이 김영숙의 많은 시편들은 유년시절의 그리움과 고향에 대한 회상으로 이루어져 있습니다. 그런 점에서 그녀의 첫시집 『초록바람』의 시적 출발은 자연을 소재로 한 생태학적 상상력과 함께 유년시절의 고향세계라고 할 수 있습니다. 자연을 소재로 한 생태학적 상상력 역시 도시가 아닌 농촌의 정서에서 기인하는 것이라고 볼 때 그 둘은 변증법적 진화 과정을 거쳐 하나의 '몸'으로 터져나온 것이기도 합니다. 그것을 상징적으로 드러낸 것이 이 시집의 제목인 『초록바람』일 것입니다. 난 이 '초록바람'이 단순히 복고적 취향에서 나온 것이 아니라 현대사회의 불건강한 징후에 대한 성찰과 비판에서 나온 것이라 믿고 있습니다. 그런 점에서 그녀가 그려낸 자연의 풍경과 지나간 삶의 세목들은 현재를 살아가는 우리들의 삶을 역상逆像으로 환기시킨다고도 할 수 있습니다. 아무쪼록 이 시집이 현대를 살아가는 많은 사람들에게 위로가 되고 치유가 되었으면 하는 바람입니다.

김영숙 시집 **초록바람**

초판인쇄 2012년 6월 9일
초판발행 2012년 6월 12일
지 은 이 김영숙
발 행 인 황송문
펴 낸 곳 문학사계
주 소 서울특별시 영등포구 문래6가 56-1
미주프라자 B1 102호
전 화 070-8845-9759
(010)2561-5773
팩 스 (02)2676-9759
이 메 일 songmoon12@hanmail.net
등 록 2005년 9월 20일
제318-2007-000001호

값 7,000원
ISBN 978-89-93768-23-7 03810

배포처 자유문고 (02)2637-8988